Asuke Kowol
#herzkind #löwenbaby

AF706200

Asuke Kowol

#herzkind #löwenbaby

Rediroma-Verlag

Bibliografische Information der Deutschen Nationalbibliothek:
Die Deutsche Nationalbibliothek verzeichnet diese Publikation in der Deutschen Nationalbibliografie; detaillierte bibliografische Daten sind im Internet über http://portal.dnb.de abrufbar.

ISBN 978-3-96103-759-9

www.rediroma-verlag.de
6,95 Euro (D)

Inhalt

Wer bin ich?

Eine Frage, die sich jeder mal in seinem Leben stellt. Aber warum ist es so wichtig, das eigene Ich zu definieren? Man kann verschiedene Eigenschaften benennen, aber jeder wirkt auf jeden etwas anders und das ist auch gut so. Man muss sich kennenlernen und dazu braucht es Zeit, keine Selbsteinschätzungen. Ich antworte manchmal unüberlegt, bin eher introvertiert, kann meiner Meinung aber trotzdem gut Ausdruck verleihen. Einige mögen mich für „komisch" halten, aber nur weil sie meine Geschichte nicht kennen. Noch nicht. Unsere Geschichte macht uns zu dem, was wir sind. Das hier ist meine.

Ich habe nach langer Suche meinen Traumberuf gefunden und ihn auch erlernt. Ich bin Krankenschwester. Ein Beruf, der mir große Freude bereitet. Nach den Fachbereichen Geriatrie, Pulmologie und Wachkoma bin ich in der ambulanten Pflege hängengeblieben.

Ich liebe meinen Job und bin mehr als jemand, der Popos putzt! All die Fähigkeiten und Erfahrungen, die ich in meiner Ausbildung und meinem Berufsalltag erworben habe sind wertvoll! Und doch kam der Moment, in dem ich nicht die „Schwester" war, sondern einfach Mutter.

Ich wollte schon immer jung Mutter werden. Mit 25 Jahren kam für mich der perfekte Zeitpunkt. Ich war jung, kerngesund und fühlte mich dazu bereit. Wer glaubt schon, dass etwas mit dem Kind nicht stimmen könnte? Ich am wenigsten! Wie hoch ist die Wahrscheinlichkeit ein krankes Kind zu bekommen? Verschwindend gering! In der Schwangerschaft habe ich nur die Standarduntersuchungen machen lassen. Ich wusste, ich würde ein behindertes Kind genauso lieben wie ein gesundes, somit hätten alle anderen Untersuchungen und Check-Ups keine Konsequenzen getragen. Und damit freute ich mich neun ganze Monate auf ein gesundes, glückliches Kind. Es ist kritisch zu sehen, dass man heutzutage alles testen und untersuchen kann. Wo bleibt das Vertrauen in die Natur, in Gott, oder an was man auch glauben mag? Ich finde es total verrückt, dass mit Gentests viel Geld verdient wird und dabei eine Art von „Auslese“ provoziert wird. Eltern erfahren das Geschlecht des Kindes über eine Genanalyse, so bleibt der magische Moment, auf das Ultraschallgerät zu schauen und unter Freudentränen zu erfahren, ob das Zimmer blau oder rosa werden soll, gänzlich aus. Man liest das Testergebnis als Zahl von einem Blatt Papier ab. Untersuchungen und Tests können durchaus sinnvoll sein! Ich wünschte nur, dass sich die „modernen“ Eltern besser mit den möglichen Konsequenzen auseinandersetzen würden. Ich bin sehr froh, dass ich in der Schwangerschaft keine Ahnung von Emilies Herzfehler hatte. So war ich imstande ,die Zeit zu genießen, in der ich sie unter meinem Herzen tragen durfte. Ich war einfach glücklich und stolz, bald Mama zu werden!

Die Geburt

Alles sah nach einer ganz normalen Geburt aus, doch es kam alles anders. Nach einem Geburtsstillstand und einer fehlgeschlagenen Einleitung kam spät Abends der Arzt zu mir. Meine Blutwerte seien nicht ganz in Ordnung. Wie konnte das sein? Ich war so unendlich erschöpft nach dem tagelangen Versuch, ein Kind zu gebären, dass ich dem Arzt nicht ganz folgen konnte. Er sagte, ich habe zwei Möglichkeiten. Entweder es wird in der Nacht regelmäßig Blut abgenommen oder wir machen jetzt einen Kaiserschnitt. So wird es erst gar kein Notfall. Es hatte sich bei mir eine beginnende Schwangerschaftsvergiftung entwickelt.

„Es ist besser, wir machen es jetzt, die Kollegen sind noch wach und konzentriert."

Das waren ja tolle Aussichten! Unter dieser anstrengenden Geburt mit der Unsicherheit und den Ängsten einer Erstgebärenden hätte ich wohl alles unterschrieben, was der Arzt mir empfohlen hat. Später bekam ich für all dies eine Erklärung.

Und so erblickte mein kleines, wunderschönes Baby am 23.07.15 um 02:03 Uhr per Kaiserschnitt das Licht der Welt. Ich war in meinem Leben noch nie so glücklich und stolz gewesen! Alle Strapazen waren mit dem ersten Atemzug vergessen. Es war so wunderschön!

Am Morgen, nach wenigen Stunden Schlaf, ging es mir außerordentlich gut, ich hatte kaum Schmerzen, konnte mich normal bewegen und der erste Besuch kündigte sich für den Nachmittag an. Dieses kleine Wunder hatte mich so sehr verzaubert, dass ich leider die ersten Warnzeichen übersah.

Es war ein super Gefühl, dem Besuch mein gesundes Baby präsentieren zu können! Als ich allein mit Emilie war, kamen meine Sorgen wieder, die ich ernster hätte nehmen müssen. Ich wollte dieses Kind stillen, aber sie schaffte es einfach nicht, an der Brust zu saugen. Die Pflegekraft war mir dabei keine große Hilfe und ließ mich überfordert allein zurück. „Wenn sie nicht saugt, kann ich auch nichts machen."

Ich konnte meinem Kind nicht geben, was es brauchte. Ich war am Boden zerstört und grübelte darüber nach, was ich falsch machte. Bis zum Schichtwechsel. Diese Pflegekraft war mein Engel. Die perfekte Mischung aus Freundlichkeit, Instinkt und Empathie. Sie schaute sich Emilie an und wie ich verzweifelt versuchte, sie zu stillen, doch sie war kaum noch erweckbar. Dann holte sie ein Gerät. Eine kleine Elektrode an den Großzeh des Babys gehalten und das Ding piepste wie wild. Die Pflegekraft hatte damit die Sauerstoffsättigung gemessen. Sie erklärte mir, dass sie Emilie mit in den Kreißsaal nimmt, um ihr etwas

Sauerstoff zu geben, und dass ich langsam hinterher kommen sollte. Und noch immer sah ich den Ernst der Lage nicht.

„Speyer oder Heidelberg?"

„Wir wohnen näher an Speyer."

Kurze Zeit später kam der Rettungswagen mit einem Arzt und einer Intensivschwester. Ich begriff nur sehr langsam, was da gerade vor sich ging.

Dr. B. sah sich Emilie für wenige Sekunden an und wusste sofort, was zu tun war. Zumindest ist das meine Erinnerung an diese Situation. Dieser Arzt ist ein „Gott in Weiß" für mich, er hat meinen allergrößten Respekt. Er hat Emilie das Leben gerettet (für diesen Moment)!

Ich stand wie ein Geist im Kreißsaal und beobachtete diese unreale Situation. Ich weinte, aber in dieser Situation gab es keinerlei Hektik oder Stress. Emilie bekam immer mehr Schläuche, Kabel und Medikamente. Einer der schlimmsten Momente war es, als mein kleines Baby aufhörte zu schreien, weil es intubiert und beatmet werden musste. Ein Moment der Stille, der Tage lang anhielt. Bis sie wieder selbst atmen konnte und genug Kraft zum Schreien hatte. Sie wurde mit dem Rettungswagen ins Krankenhaus gebracht. Der Kindsvater fuhr mit ihr. Ich war frisch operiert und durfte mitten in der Nacht nicht einfach gehen. Und so lief ich einsam, allein und leer zurück auf

Station. Ich hatte nur Emilies Strampler in der Hand und ich konnte nicht aufhören, daran zu riechen. Die Pflegekräfte haben es organisieren können, dass ich allein im Zimmer war. Eine große Geste! Ich weinte die ganze Nacht, sogar im Schlaf weinte ich. Ich lag auf dem Bett, das Fenster war weit geöffnet und es drang Musik von einem Konzert hinein, welche durch ein schweres Gewitter abgelöst wurde. Die Sirenen wurde immer leiser, endlich begriff ich es! Ich betete das erste Mal in meinem Leben.

Am Morgen wurde ich auf eigenen Wunsch entlassen.

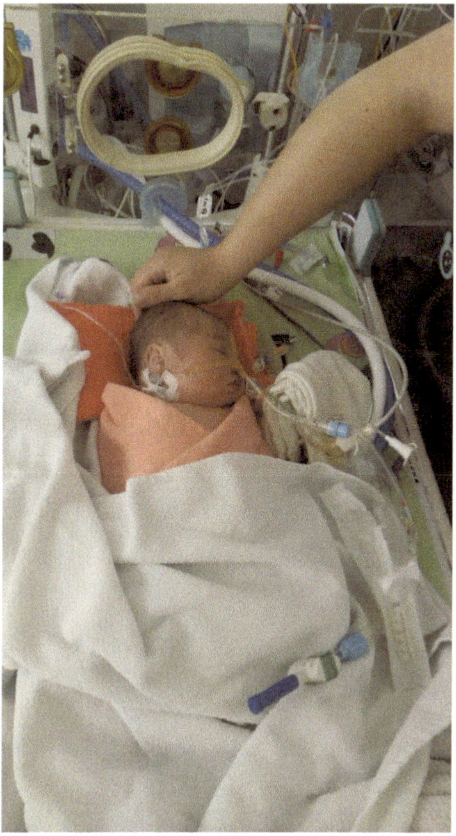

Hilflos

Von nun an begann ich zu funktionieren, ich musste doch stark sein für mein Kind. Kaum zu Hause angekommen nahm ich das Telefon in die Hand. „Mama, du musst herkommen. Emilie ist auf der Intensivstation.“ Jeder Streit, jede Diskussion, jede Zickerei war wie weggeblasen. Ich brauchte meine Mama so sehr!

Emilie wurde nach Heidelberg verlegt, weil dort Eingriffe und Operationen durchgeführt werden konnten. Wir betraten das Zimmer mit diesen kleinen Intensivbettchen, den vielen Schläuchen und Geräten und mittendrin lag Emilie. Ich brach in Tränen aus und sackte etwas zusammen. Meine Mutter war immer an meiner Seite. Ich danke ihr so sehr dafür, dass sie da war. Ihre Anwesenheit gab mir Kraft. Emilie lag in diesem Bettchen, das eher ein Glaskasten war. Regungslos, beatmet, viele Schläuche, Medikamente, Geräte, Geräusche. Ich stand im Nebel, wie noch nie zuvor in meinem Leben. Die Ärzte und Pflegekräfte informierten uns über Emilies Zustand. Sie erklärten uns immer wieder das kranke Herz. Mit sehr viel Geduld und Hoffnung in der Stimme. „Dieses Kind wird nie einen Marathon laufen. Aber sie wird Bobbycar fahren.“ An diese Aussage vom Oberarzt muss ich noch heute oft denken. Er sollte Recht behalten.

Ich wollte sie so gern in den Arm nehmen, um

ihr zu zeigen, dass Mama da war, aber ich musste mich auf kleine Berührungen reduzieren. Das war alles, was ich tun konnte, ihr die Hand auf den Kopf legen und ihr Geschichten erzählen. So vergingen die Tage, in denen ich versuchte zu verstehen, was da gerade passierte. Es schien alles so fern der Realität. Immer wenn ich nach Hause ging, fühlte ich mich leer, mein Herz war schwer wie Blei. So viele Fragen in meinem Kopf! Wird sie überleben? Wird sie ein normales Leben führen können? Schaffe ich es, das durchzustehen? Warum ich, warum mein Kind? So etwas gibt es doch nur im Fernsehen!? Ist man nicht selbst betroffen, dann scheinen die Dinge so weit entfernt zu sein. Ich plagte mich ebenso mit dem Gedanken, ich habe etwas falsch gemacht und es ist vielleicht meine Schuld. Habe ich mich nicht gesund genug ernährt oder hätte ich besser aufpassen müssen? Schließlich habe ich in der Frühschwangerschaft jemanden reanimiert. Hatte ich zu viel Stress? Ich suchte verzweifelt einen Grund, fand aber keinen. Es könnte auch an meinem Gendefekt liegen, der zu dieser Zeit noch nicht bekannt war. Irgendwann kam ich zu dem Schluss, dass manche Dinge einfach passieren, und oft mit gutem Grund. Hätte Gott mir Emilie nehmen wollen, dann hätte er sie mir gleich genommen und sie wäre dem plötzlichem Kindstod erlegen oder ich an der Schwangerschaftsvergiftung. Gut, dass dies keiner weiß! Ich habe sehr lange gebraucht, um zu verstehen, wie krank Emilie wirklich ist, und ich kann mich an die Zeit auf der Intensivstation nur noch vage erinnern. Es war wie ein Film. Ändern konnte ich an meiner Situation nichts, also machte ich das Beste daraus. Jeden Moment genießen, den ich mit ihr erleben durfte. Ich besuchte mein kleines Mädchen, so oft ich nur konnte. Es wurden zwei Herzkatheter gelegt am vierten und am siebten Lebenstag. Es ging jeden Tag ein ganz kleines Stückchen bergauf. Nach elf Tagen kam Emilie zurück nach Speyer auf die Intensivstation und erst dort lernte ich sie richtig kennen. Ich durfte ihr die Nahrung über eine Magensonde geben, sie baden, wickeln und mich um sie kümmern. Endlich durfte ich sie in den Arm nehmen! Die Nahrung über die Magensonde zu geben musste ich erst noch üben, es kam oft vor, dass sie spuckte. Einmal hat sie die gesamte Nahrung auf mein T-Shirt gespuckt und da ich natürlich keine Kleidung dabei hatte, musste ich vollgespuckt nach Hause fahren. Ich war die glücklichste und stolzeste Mutter von allen, weil ich meinem Kind endlich so nah sein durfte, dass sie mich ankotzen konnte. Das klingt total verrückt, aber genau so habe ich mich gefühlt, als ich aus der Klinik kam und mir alle auf mein Shirt starrten. Ich hatte ein breites Grinsen im Gesicht. Die meisten Leute müssen gedacht haben, ich habe eine Schraube locker. Egal, ich war stolz und glücklich. Emilie blieb weitere zwei Wochen im Krankenhaus bis die Entlassung im Raum stand. Ein überwältigendes Gefühl! Glück, Freude und Angst. Ich entschied es mir zuzutrauen, die Magensonde selbst zu wechseln, aber alles, was darüber hinausgehen sollte, nicht. Ja, ich bin Krankenschwester, aber in diesem Fall bin ich auch Mama.

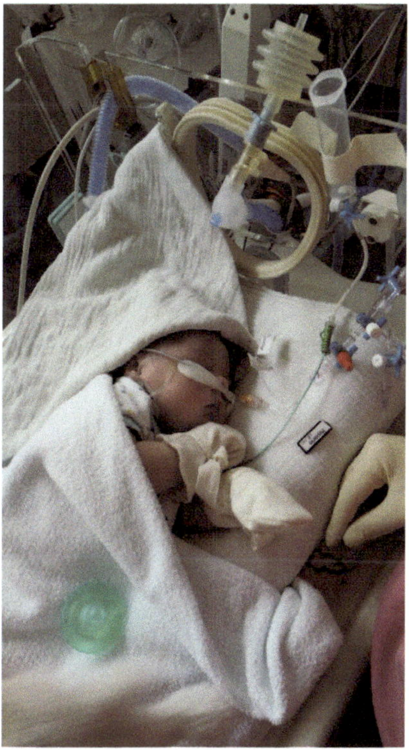

Die Entlassung

Endlich war mein kleiner Engel zu Hause. Leider hatten wir die ersten Tage keine Zeit es zu genießen, weil ich einiges zu organisieren hatte. Am ersten Tag habe ich einen Kinderarzt gesucht und am zweiten Tag war ich tatsächlich fünfmal in dieser Praxis, bis alle sieben Medikamente richtig und vollständig rezeptiert waren. Ich konnte mit dem Kinderwagen in wenigen Minuten zur Praxis laufen, was sich anfühlte wie ein Marathon. Das Team war super. Die Ärztin schien sehr alt zu sein, aber sie nahm sich Zeit, um sich zu mir zu setzen und mich an der Hand zu berühren. Damit zeigte sie mir, dass sie mitfühlte. Die Arzthelferinnen waren ebenfalls sehr verständnisvoll und hatten immer ein offenes Ohr. Immer wieder hielten sie Rücksprache mit der Apotheke, die wiederum mit dem Krankenhaus Rücksprache hielt. Die Kinderarztpraxis und die Apotheke haben das super gemacht, die haben ihren Job so ernst und genau genommen, dass alles glatt lief. Jeder wusste am Ende des Tages, was er zu tun hatte. Die Medikamente konnten nun problemlos hergestellt werden. Ich war so stolz auf mich, dass ich es schaffte, meiner Tochter ihre Medikamente und die Magensonden zu organisieren. Ich weiß noch, dass wir die Anfangszeit ständig bei Ärzten waren. Es verging keine Woche, in der wir keine Termine hatten.

Ich bin in meine neue Aufgabe und die riesige Verantwortung reingewachsen. Mit Emilie zusammen. Ich gab ihr die Medikamente, wechselte die Magensonden selbst und war Mutter. Ich beantragte sogar eine Pflegestufe für Emilie. Die Frau, die vom MDK (Medizinischer Dienst der Krankenkassen) kam, erstellte ein Gutachten. Sie beobachtete sehr genau, stellte Fragen und dokumentierte gleichzeitig. Am Ende des Gespräches erklärte sie mir, dass Emilie für ein Jahr die Pflegestufe 1 bekommt. Das war gut, aber für mich wieder ein Moment, in dem mir klar wurde, wie krank die Kleine tatsächlich ist.

Ich funktionierte weiter und gab alles dafür, dass es Emilie gut ging. Ich lernte sie immer besser kennen und konnte bald gut reagieren, wenn sich ihr Gesicht mal wieder dunkelblau verfärbte. Ich lernte damit umzugehen, nicht in Panik auszubrechen und darauf das Richtige zu tun. Gerade, als ich das Gefühl hatte, alles im Griff zu haben, kam mit der U3 der Ultraschall der Hüfte. Diagnose Hüftdysplasie.

Ja, ist klar. Sonst noch was? Meine Gedanken drehten sich, es war irgendwie unfair und ich war oft wütend. Schienen und Bandagen für viele, viele Wochen ... Wegen des Herzfehlers hatte die Orthopädin von einem Gips abgesehen, da eine kurze Vollnarkose nötig gewesen wäre.

Hiermit waren wir Stammgäste in der Kinderkardiologie, der Orthopädie und der Kinderärztin. Immer an meiner Seite, meine Mama. Ich bin so viel Auto gefahren wie die ganzen Jahre zuvor nicht. Aber ich lernte schnell zu improvisieren und auf alles vorbereitet zu sein. Es war schwer, damit umzugehen, dass Emilie zu ihrem Herzleiden nun auch noch die Schiene zur Hüftspreizung tragen musste. Für eine Mutter gar kein schöner Anblick. Aber ich musste das sehr genau nehmen und streng einhalten, um der Narkose und dem Gips aus dem Weg zu gehen. Ich wollte ja schließlich dass alles gut wird.

Das Leben mit einem kranken Kind ist eine große Herausforderung. Allein das Einkaufen ist ein Abenteuer, wenn die Leute hinter einem tuscheln und sich gegenseitig fragen, warum dem Baby dieser Schlauch aus der Nase hängt. Ich möchte hiermit alle Menschen bitten, die Betroffenen einfach selbst zu fragen! Es machte mir nichts aus, es zu erklären. Ich ging immer sehr offen damit um und doch war ich die Frau mit dem kranken Kind und das blieb ich noch sehr lange.

Emilie entwickelte sich trotz allem sehr gut. Nach weniger als drei Monaten konnte sie schon aus eigener Kraft so viel trinken, dass sie die Magensonde nicht mehr benötigte. Die Hüfte entwickelte sich langsam und auch in die richtige Richtung.

Im Oktober wurden wir stationär aufgenommen

für einen weiteren Herzkatheter. Da war es wieder. Das Gefühl von absoluter Hilflosigkeit, die einen schonungslos in die Realität zurückschleudert. Ich denke nicht ständig daran, dass mein Kind krank ist, und freue mich über die gemeinsame Zeit, in der ich zusehen darf, wie sie wächst und gedeiht. Krankheiten, die man nicht sieht, machen besondere Angst, weil sie nicht so gut greifbar und super zu verdrängen sind. Ich gebe mein Kind wieder in die Hände der Ärzte und kann nichts tun außer warten und hoffen. Für mich war es fast schon Alltag dem Pflegepersonal zu helfen, wenn Emilie eine Spritze bekam oder ein venöser Zugang gelegt werden musste. Meine Mutter verließ jedes Mal den Raum. Sie machte es immer wieder wahnsinnig, auf dem Flur zu stehen und mit anzuhören, wie Emilie schrie und weinte. Es ist immer eine furchtbare Situation für Eltern, egal, wie klein der Eingriff sein mag. Bei seinem Kind zu sitzen und zusehen zu müssen, wie die Narkose wirkt, ist schon sehr heftig. Aber in dem Moment, in dem das Kind nicht hilfloser sein könnte, den Raum verlassen zu müssen, zerreißt einen innerlich!

Wir lebten von einer Kontrolluntersuchung zur anderen. Erst alle drei Wochen, irgendwann alle drei Monate und schließlich alle sechs Monate. Die Tage vor den Terminen waren schrecklich. Unsicherheit, Angst, Bedenken, man habe etwas übersehen. Aber es geht ihr doch gut. Oder? Ich hatte immer im Hinterkopf, dass dieser eine Tag kommen würde, der einen trifft wie ein Schlag ins Gesicht. Vor dem man nicht weglaufen kann. In den Untersuchungen wurde die Entwicklung des Herzens genau beobachtet, um den richtigen Moment perfekt abpassen zu können. Wir haben uns sehr gut an die Situation angepasst und sind da reingewachsen. Für mich war es ganz normal, ein krankes Kind zu haben, ich hatte keine Ahnung wie es mit einem gesunden Kind wäre. Ich habe es sehr oft verdrängt und versuchte ein ganz normales Leben zu führen. So normal, wie es eben sein kann, wenn man die halbe Apotheke in der Wickeltasche hat. Mein Vater ging fast jeden Tag mit uns im Wald spazieren. Ich mochte das, weil wir über alles reden konnten und uns gegenseitig aufbauten. Er hatte kurz vorher eine Lungenembolie und wohl mehr als nur einen Schutzengel. Wir sind alle unendlich dankbar, dass er so glimpflich davongekommen war. Wir hatten uns alle mit Leben und Sterben auseinandergesetzt, was die Gespräche offener, ehrlicher und emotionaler machte. Es schien sich zum Guten zu wenden. Emilie brauchte nach erfolgreicher Therapie die Hüftschiene nicht mehr und wir spielten uns immer besser aufeinander ein.

Doch dann kam der Tag.

Längst wieder verdrängt mit den Gedanken, es dauert noch, es hat noch Zeit, Emilie geht es doch viel zu gut. Leider war genau das der perfekte Zeitpunkt. Emilie war kräftig genug und hatte sich so gut entwickelt, dass man ihr den Herzfehler fast nicht ansah. Sie war ein Jahr und drei Monate alt. Ich hatte sie so gut gepflegt und aufgepäppelt, wie ich nur konnte. Die Ärztin, die das Aufklärungsgespräch führte, betonte dies und lobte mich dafür mehrmals. Diese Zeit war schön. Es lief einfach alles rund. Und genau da, als es nicht besser hätte sein können, kam diese Nachricht. Wir wussten, dass Emilie operiert werden musste. Irgendwann. Es schien noch so weit weg zu sein. Ich verdrängte es so gut, dass es für mich wie ein Schock war. Emilie war bereit, aber ich noch nicht. Niemals ist eine Mutter dafür bereit. Hatte ich die Zeit bestmöglich genutzt? War ich bisher eine gute Mutter gewesen, die ihr Kind genug liebte? Keiner wusste, ob sie die OP überleben würde. Es ging so schnell und war wie ein Schlag in den Magen, alles drehte sich. Das war der absolute Gipfel von Wut, Verzweiflung, Angst, Unsicherheit und Hilflosigkeit. Ich funktionierte, stellte alle Emotionen so gut ich konnte zur Seite. Ich musste für mein Kind stark sein. Doch ich fühlte mich so furchtbar schwach und machtlos.

Die Operation

Während die Ärztin uns am Abend zuvor aufklärte, hatte ich das dringende Bedürfnis, mit meinem Kind davonzulaufen und einfach zu sagen: „Herzfehler? Nein danke! Wir machen da nicht mit."

Eine Operation am offenen Herzen, Herz-Lungen-Maschine, Beatmung mit Intubation. Die wollten doch tatsächlich an diesem winzigen Herzchen herumschneiden!

„Es ist die einzige OP an diesem Tag. Wir werden uns ausschließlich nur auf Ihre Tochter konzentrieren." Wieder ein Zeichen, wie schwer der Herzfehler wirklich war. Ohne diese OP hätte Emilie nicht sehr lange Leben können. Es gab also nur diesen einen schweren Weg.

Meine Mama kam weit vor halb sieben in die Klinik. Den Beruhigungssaft bekam Emilie gegen 6:45 Uhr. Sie war richtig high, aber fröhlich. Ich hätte diesen Saft viel dringender gebraucht. An diesem Morgen bekam ich den ersten bewussten Kuss von ihr und gleich danach gab ich sie in die Arme der Anästhesie. Es war sieben Uhr, als ich mit meinem lachenden Mädchen und ihrem geliebten Hasen vor der OP-Schleuse stand. Ich hatte Tränen in den Augen und sagte ihr immer wieder, wie sehr ich sie liebte. Ich bat die Pflegekraft, gut auf Emilie aufzupassen, aber ich bekam kaum ein Ton aus mir raus. Vor 14:00 Uhr würde ich nichts hören. Verdammt, wie soll das einer aushalten!?

Wir gingen durch die Hölle. Ich fühlte mich so schrecklich leer, nachdem die Tür zum OP sich schloss. Das war's. Alles, was ich tun konnte, habe ich getan und nun hieß es abwarten. Es gibt kaum etwas Schlimmeres, als wenn man nichts mehr machen kann. Die Operation und den weiteren Verlauf konnte ich einfach nicht beeinflussen. Emilie wird in Narkose gelegt, die Beatmung angeschlossen und dann wird Emilies Brustkorb eröffnet. Sie wird an die Herz-Lungen-Maschine angeschlossen, um den Kreislauf sicherzustellen. Der Stent im Ductus botalli wird entfernt, sodass dieser sich verschließen kann. Das Herzmuskelgewebe, das zu viel ist, wird entfernt. Die Halsschlagader wird auf die Lungenarterie aufgenäht. So wird die zu schwache Herzkammer zur Hälfte entlastet. Glenn'sche Anastomose nennt man das. Diese Operation wurde vor ca. 30 Jahren das erste Mal durchgeführt. Es kann mir also keiner sagen, wie alt Emilie damit werden kann. Sie hatte einen zentralen Zugang am Hals, über den einige Medikamente verabreicht werden konnten.

Was macht man in dieser Situation? Wir entschieden uns frühstücken zu gehen, weil wir den Rest des Tages vermutlich nichts mehr essen wollten und konnten. Das Glas Sekt, das ich bestellte, hat ein klein wenig zur Beruhigung beigetragen.

Wir versuchten uns zu unterhalten, jedoch kamen wir immer wieder auf Emilie zurück. Die ganze Zeit waren wir in Gedanken bei ihr und diese Gedanken konnten wir nicht abstellen. Anschließend sind wir durch die Einkaufsstraße geschlendert und haben krampfhaft versucht uns abzulenken. Die Zeit wollte einfach nicht vorbeigehen. Und dann klingelte gegen 14:00 Uhr mein Handy. Wir waren gerade in einer Buchhandlung, denn ich hatte ein Kinderbuch gekauft, das ich Emilie vorlesen wollte. Fast schon panisch kramte ich mein Handy hervor und ging dran. Es war einer der Ärzte, die operiert hatten. Er erklärte mir, dass alles gut verlaufen war und mein kleines Mädchen gerade dabei war, wieder wachzuwerden. Ich solle mir noch etwas Zeit lassen, es würde noch eine gute halbe Stunde dauern, bis sie auf die Intensivstation kommt. Dem Gespräch konnte ich überhaupt nicht folgen, es gab nur eine wichtige Information, die hängengeblieben war. Ich konnte nur eines sagen, mit zerbrechlicher Stimme, mitten in dieser Buchhandlung: „Sie lebt!?"

Andere Kunden sahen mich etwas geschockt an, sie hörten nur diese eine Frage, die ich ins Telefon gepoltert hatte, und sie sahen mir wohl an, dass es mir nicht sehr gut ging.

Zeit lassen? Ja sicher doch. Wir sind sofort ins Auto gestiegen und zur Klinik gefahren. Wir standen einige Minuten vor der Intensivstation. Nervös und unruhig von einem Bein auf das andere, den Flur hoch und wieder runter. Plötzlich kam ein Intensivbettchen um die Ecke mit zwei Ärzten und drei Pflegekräften. Alle hatten ein strahlendes Lächeln im Gesicht. In diesem Kasten lag sie, meine kleine Prinzessin, die man vor lauter Kabeln und Geräten kaum sah. Die Beatmung konnte bereits im Aufwachraum entfernt werden, weil diese kleine Kämpfernatur selbst atmen wollte. Ich war noch nie so stolz wie in diesem Moment! Ich fühlte alles, was man nur fühlen konnte. Glück, Stolz, Erschöpfung, Übelkeit, Kopfschmerz, Erleichterung. Es war überwältigend. Nachdem auf Station alle Geräte angeschlossen waren, durften wir endlich zu ihr. Ich weinte. Ich hatte diese riesigen Emotionen einfach nicht im Griff. Also weinte ich. Jeden Tag. Jedes Mal, wenn ich an ihrem Bettchen war. Aber jedes Mal etwas weniger.

Sie schlief, war noch nicht richtig wach. Emilie bekam über einen Schlauch unter der Nase Sauerstoff. Das gesamte Brustbein war bedeckt von einem dicken Verband, unter ihm ein Schlauch, der aus ihrem Bauch kam. Es war eine Drainage, die Wundsekret ablaufen ließ. In ihrer Brust waren drei dünne farbige Kabel. Die Pflegekraft erklärte mir, dass dies Schrittmacherkabel sind. Sie könnten jederzeit an einen Schrittmacher angeschlossen werden, sollte es zu Rhythmusstörungen kommen. Außerdem war da noch ein winziger Blasenkatheter neben den üblichen Überwachungskabeln und Medikamenten. Aber trotzdem habe ich einzig und allein nur mein Kind gesehen. Emilie war genauso schön wie immer. Ich will nichts schönreden, denn der Anblick war grausam, aber ich sah sie weiterhin durch die Augen einer Mutter.

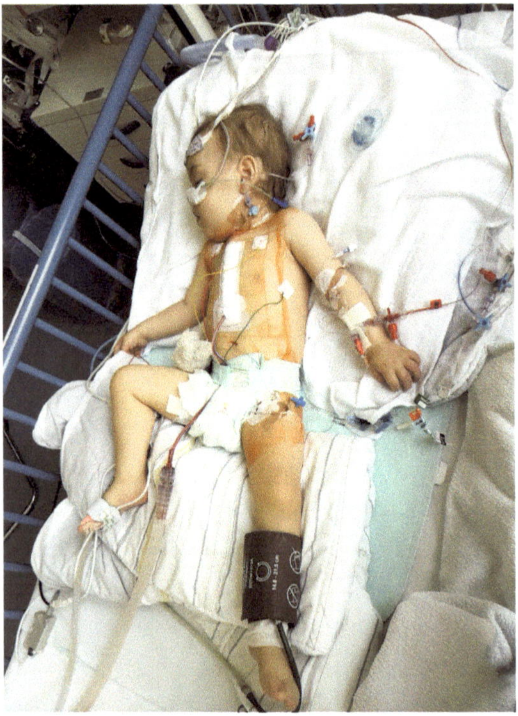

Die Tage vergingen rasend schnell. Auf der Intensivstation laufen die Uhren anders, es ist immer Tag und Besuch ist zu jeder Zeit erlaubt. Unglaublich, dass Emilie bereits wenige Tage nach der OP „auffiel", weil sie mehr Hunger hatte, als sie essen durfte. Der Kreislauf und der Bauchraum sollten nicht überfordert werden. Für mich war das ein ganz tolles Gefühl! Wenn man krank ist oder es einem nicht gut geht, dann verliert man auch seinen Appetit. Nicht bei Emilie. Die war kaum zu bremsen und das bescherte uns auch das Gefühl, dass es nun bergauf ging. Alles verlief wunderbar. Man kann sagen, jeden Tag ein Schlauch weniger mit einer kleinen Besserung. Ich hielt ihr Händchen, ich las ihr Geschichten vor, erzählte ihr, wie glücklich und stolz ich auf sie war, ich weinte und lachte mit ihr.

Nach gerade einmal zwölf Tagen wurden wir aus der Klinik entlassen. Meine Tochter war wie ausgewechselt! Die ersten drei Monate durfte sie nicht krabbeln, sodass das Brustbein wieder zusammenwachsen konnte. Sie hatte keinerlei Beschwerden. Eine große Erleichterung und Umstellung war, dass Emilie ab sofort nur noch zwei Medikamente brauchte. Dadurch fühlten wir uns freier und mutiger, auch größere Ausflüge zu machen, weil ich vorher immer überlegen musste, welche Medikamente ich ihr wann, wo und wie geben kann. Emilie hatte eine Wahnsinnsenergie und bekam keine blauen Lippen mehr. Auf einmal hatte ich das Gefühl, ein gesundes Kind zu haben. Sie entwickelte sich nun sehr schnell und holte alles nach, wozu sie bisher einfach keine Kraft hatte. Ein super Gefühl! Wir haben es geschafft und überstanden. Das Warten war vorbei und die Angst minimierte sich. Da war plötzlich Unbeschwertheit. Etwas ganz Neues. Ich konnte nach so langer Zeit endlich etwas loslassen: eine große, schwere Last, die mir von den Schultern fiel. In diesem Jahr feierten wir eines der schönsten Weihnachtsfeste, denn wir waren einfach nur glücklich, gemeinsam an einem Tisch sitzen zu können. Insgesamt hat Emilie alles ganz gut verkraftet. Sie ist ein lebensfrohes, ausgelassenes, aktives Kind. Und so lebensbejahend! Heute sieht man ihr nicht mal mehr an, dass sie krank ist. Nur die große Narbe auf ihrem Brustbein erinnert daran. Sogar ihre Größe und ihr Gewicht liegen nicht mehr unter dem Durchschnitt. Ich bin glücklich und dankbar über diese positive Entwicklung.

Aber ... ich habe immer im Hinterkopf, es könnte passieren, dass noch eine OP notwendig wird. Der Kreislauf musste sich nach diesem Eingriff erst einmal anpassen und umstellen. Emilie soll sich entwickeln und auch ihr Herz mit allen Gefäßen. Natürlich kann niemand vorhersehen, ob das eintrifft. Vielleicht reicht die Glenn'sche Anastomose nicht aus. In diesem Fall würde man die untere

Hauptschlagader ebenfalls „verlegen“ müssen. Nachdem nun drei Jahre vergangen sind, glaube ich nicht, dass noch eine so große Operation notwendig sein wird. Was ich weiß, ist, dass in ferner Zukunft eine Herzklappe eingesetzt wird, allerdings wartet man so lange wie nur möglich damit. Eine künstliche Herzklappe wächst nicht mit und deshalb wollen die Ärzte möglichst lange warten, dass nicht unnötig viele Eingriffe vorgenommen werden müssen. Ein kleiner Trost für mich ist, dass Herzklappen meist durch einen Herzkatheter eingesetzt werden können. Also stehen die Zeichen im Moment extrem gut, dass Emilie nicht mehr operiert werden muss.

Das Krankheitsbild

Das Herz. Überlebensnotwendig und faszinierend. Mit seinem eigenen Reizleitungssystem gibt es sich den Takt selbst vor und kann selbst dann noch schlagen, wenn das Gehirn nicht mehr funktioniert. Was die Medizin und die Ärzte leisten, ist manchmal unvorstellbar. Um das Krankheitsbild von Emilie zu erklären, ist es notwendig, dass ich etwas weiter aushole, um es verständlich machen zu können. Sicherlich sind meine Erklärungen nicht ganz perfekt.

Solange ein Baby im Bauch der Mutter heranwächst wird es mit allem Notwendigen über die Nabelschnur versorgt. Das Kind atmet nicht. Was bedeutet, dass der Blutkreislauf des Babys von der Natur angepasst wurde. Sobald das Kind auf die Welt kommt, macht es seinen ersten Atemzug, die Lungen entfalten sich und der Körper sorgt ab jetzt selbst für den Gasaustausch. Es gibt insgesamt drei kleine Verbindungen zwischen arteriellem und venösem Blut. Eine davon ist der Ductus arteriosus botalli. Diese drei Verbindungen schließen sich am zweiten Lebenstag, denn nun hat der Kreislauf sich auf das Leben außerhalb des Mutterleibes umgestellt. Aus diesem Grund findet die U2 noch in der Klinik, 48 Stunden nach der Geburt, statt.

Das Herz hat zwei Vorhöfe und zwei Kammern.

Der linke Vorhof und die linke Kammer pumpen das nährstoff- und sauerstoffreiche Blut in den Körper. Das rechte Herz ist für den Lungenkreislauf zuständig. Da in der Gebärmutter die Lunge noch nicht benutzt wird, die Adern und das rechte Herz sich aber trotzdem entwickeln müssen, hat die Natur den Ductus arteriosus botalli „installiert“. Der Ductus Botalli verbindet Aorta und Lungenarterie miteinander. Somit fließt das Blut durch Herz und Lungenarterie und nimmt am Kreislauf teil. Das ist deshalb so wichtig, weil sich das Herz, die Arterien und Venen nur entwickeln können, wenn sie benutzt werden. Das Herz, die Kammern, die Vorhöfe und auch der Muskel entwickeln sich durch das Blut, das mit einem bestimmen Druck fließt. Ebenso stellt es sich bei den Gefäßen dar.

Ein faszinierendes System, das normalerweise auch funktioniert. Bei Emilie leider nicht.

Die ersten Symptome stellten sich am zweiten Lebenstag ein, als der Ductus Botalli sich verschließen sollte. Noch vor ca. 25 Jahren wäre dies der klassische Kindstod gewesen. Wir hatten unglaubliches Glück, dass die richtigen Menschen zur richtigen Zeit bei uns waren und erkannten, dass etwas nicht stimmte. Der Arzt, der mit seinem Team aus Speyer kam, gab Emilie ein Medikament, dass den Ductus botalli offenhielt. Damit wurde ausreichend Zeit gewonnen, um herauszufinden, was das eigentliche Problem war.

Die Untersuchungen ergaben:

+ eine Pulmonalatresie
Die Lungenarterie war nicht gut entwickelt, weil kaum Blut durch sie geflossen war

+ eine hochgradige Tricuspidalklappeninsuffizienz
Die Tricuspidalklappe liegt zwischen dem rechten Vorhof und der rechten Kammer. Diese Klappe war nicht vollständig entwickelt, sodass das Blut zwischen Vorhof und Kammer hin und her floss. Es bleibt also immer ein wenig Blut in Vorhof und Kammer, welches in den Körper gepumpt werden sollte. Zudem besteht hierbei die Gefahr eines Thrombus. Ein Blutgerinnsel, das kleine Arterien oder Venen verstopfen könnte. Im schlimmsten Falle käme es zu einer Lungenembolie oder einem Schlaganfall.

+ eine Vorhoflücke
Das berühmte Loch im Herz. Tatsächlich hat jedes Baby diese Vorhoflücke, welche sich im Laufe des Lebens selbst verschließt. Dieses „Loch" macht normalerweise keine Symptome. Viele Menschen erfahren erst im hohen Alter, dass sich die Vorhoflücke bei ihnen nie verschlossen hat, weil zufällig eine Rythmusstörung diagnostiziert wurde. Bei

einigen Kindern wird das Loch mit einem kleinen Schirmchen über einen Herzkatheter verschlossen.

+ Hypoplastischer und hypertrophierter rechter Ventrikel
Die rechte Kammer ist unterentwickelt. Der Herzmuskel und die rechte Kammer sind zu groß. Da das Herz von einem Herzbeutel nach außen begrenzt wird, kann man sich ganz gut vorstellen, dass die Kammer zu klein ist, wenn der Muskel zu groß ist. Dies passiert, wenn der Herzmuskel gegen einen unnatürlichen Widerstand kämpft. Der zu große Muskel weicht nach innen aus und nimmt der Kammer den Platz.

+ Pulmonalinsuffizienz
Die Pulmonalklappe war nicht entwickelt und musste in einem Herzkatheter aufgesprengt werden und ist somit undicht. Das bedeutet, es gibt einen Rückfluss des Blutes in die Lungenarterie.

Wie sah das konkret aus?

Emilie hatte durch den Herzfehler zu wenig Kraft, an der Brust zu trinken. Sie war schlichtweg zu schwach zum Leben, denn am zweiten Lebenstag wurde sie immer schläfriger. Am späten Nachmittag war sie kaum noch erweckbar, das fiel mir deshalb auf, weil ich meinen Eltern so gern ihre wunderschönen Augen gezeigt hätte, aber die kleine Maus überhaupt nicht reagierte. Die Hautfarbe wurde immer dunkler, jedoch konnte ich das in meiner Verliebtheit nicht sehen. Die Pflegerin versuchte Emilie etwas Milch mit einer Spritze zu geben, jedoch war sie da bereits so schläfrig, dass dieser Versuch, ihr Nahrung zu geben, nicht funktionierte. Daraufhin nahm die Pflegerin das SPO2-Gerät um die Sauerstoffsättigung zu überprüfen. Ihr Bauchgefühl und ihre Intuition waren goldrichtig. Emilie hatte eine Sauerstoffsättigung von ca. 68%. Da Babys im Bauch der Mutter eine niedrige Sättigung gewöhnt sind, blieben bei Emilie keine Folgeschäden. Die Sauerstoffsättigung bei einem Gesunden liegt bei 99 bis 100%. Aus meiner klinischen Erfahrung weiß ich, dass bei 90% bereits reagiert wird und 80% schon kritisch sein können. Natürlich muss dabei jeder Einzelfall individuell betrachtet werden. Es gibt einige Erkrankungen der Lunge, bei denen die Menschen auch mit einer niedrigeren Sauerstoffsättigung gut leben können.

Das Leben danach

Emilie wird gar nicht mehr blau! Was für ein Erfolg! Sie hat plötzlich Energie und ihre Lebensfreude wird von Tag zu Tag größer. Es ist wunderschön anzusehen, wie toll sie sich entwickelt. Doch dann folgte die nächste Hürde. Die Beziehung zwischen mir und Emilies Vater konnte all dem nicht standhalten und so kam es ein Jahr nach der OP zur Trennung. Wir verstanden uns gut, bis die neuen Partner ins Spiel kamen. Ich will gar nicht zu sehr ins Detail gehen. Ich habe nicht alles richtig gemacht und mein Exmann ebenso. Es hat ca. zwei Jahre gedauert, bis alles soweit geklärt war, dass es einigermaßen harmonisch abläuft. Ich schäme mich dafür, Emilie so etwas Furchtbares angetan zu haben, obwohl ich immer versucht habe, zu ihrem Wohl zu entscheiden, auch wenn es für mich einen Nachteil bedeutete. Mir wurde zwei Jahre lang vorgeworfen, eine schlechte Mutter zu sein. Es kamen Anzeigen wegen Kindeswohlgefährdung und sogar Kindesmisshandlung auf mich zu. All diese Behauptungen verloren sich im Sand. Für mich war es furchtbar, ich konnte nichts dagegen unternehmen, außer zu einem Anwalt zu gehen und alle Termine bei Jugendamt, Gericht und Kriminalpolizei wahrzunehmen. Das Schlimmste an dieser Trennung war, dass Emilie die Leidtragene ist. Obwohl ich ihr immer eine gute Mutter sein wollte und alles für sie gab, nagten diese Vorwürfe schwer an mir. Ich habe die ganzen Jahre nur funktioniert und hatte nie die Gelegenheit, all das zu verarbeiten. Bis meine Jugendliebe Tobi nach sieben Jahren erneut in mein Leben trat und ich schwanger wurde. Plötzlich änderte sich alles. Es war wie ein Rausch. Es passierte so viel auf einmal, dass wir kaum hinterher kamen. Alles prasselte auf uns nieder und wir gaben uns gegenseitig Schutz und hielten es einfach aus. Es kam die Scheidung, der Streit um Emilie, die ungeplante Schwangerschaft, Streitigkeiten in der Familie, Depressionen und diese ganz frische, unreife Beziehung. Ich hätte das alles ohne ihn nicht überstanden. Mit ihm konnte ich so viele Dinge verarbeiten, weil er mir Geborgenheit, Schutz und ein Zuhause schenkte. Das erste Mal in meinem Leben fühlte ich mich angekommen, ich wollte da sein, wo ich war, bei ihm. Ich liebe ihn so sehr, dass ich keine Worte dafür finde. Er macht alles für unsere Familie, er hört mir zu und spendet mir Trost, ich darf weinen und lachen, auch wenn es nicht passt, denn für ihn bin ich genau richtig, so wie ich bin. Ich kann und darf ich sein.

Was wir in unserem ersten Jahr durchgemacht haben, passiert anderen in Jahrzehnten. Das zeigt mir aber auch, dass er der Richtige ist. Immerhin liebt er mich immer noch. Natürlich läuft es nicht immer rund und auch wir streiten uns, aber uns ist vollkommen bewusst, dass wir ein Leben lang an uns arbeiten müssen und an unseren Aufgaben gemeinsam wachsen werden.

#löwenbaby

Sich auf eine ungeplante Schwangerschaft einzustellen, dauert einen Moment. Der Zeitpunkt ist schlecht, es ist viel zu schnell passiert, wie reagiert mein Freund? Wie reagiere ich? Und wie Emilie?

Fragen, Ängste, Sorgen und Erinnerungen.

„Natürlich bekommen wir dieses Kind und der Rest wird auch schon werden." Das sagt sich so einfach ...

Durch einen Gendefekt gerinnt mein Blut schneller, als es sollte. Mein Thromboserisiko ist erhöht, deshalb darf ich keine Östrogene nehmen. In der Schwangerschaft musste ich Aspirin nehmen und danach gab ich mir zwei Wochen lang Spritzen zur Blutverdünnung. Emilie hat einen schweren Herzfehler und ich hatte in der Vergangenheit eine frühe Fehlgeburt. Diese Aspekte geben zusammen eine Risikoschwangerschaft. Ich war in meinem Leben noch nie so oft beim Arzt wie in dieser Schwangerschaft. Es wurde festgestellt, dass Leo zu klein und zu leicht ist. Es wurde über Einleitung gesprochen. Ich war in der Gerinnungsambulanz, beim Frauenarzt und in der Schwangerschaftsambulanz der Uniklinik Stammgast. Ich habe mir viele Gedanken gemacht. Auf der einen Seite dachte ich, wie groß ist wohl die Wahrscheinlichkeit, ein zweites krankes Kind zu bekommen? Auf der anderen Seite hätte ich bei Emilie niemals erwartet, dass sie krank sein könnte. Zu Beginn der Schwangerschaft mussten wir entscheiden, welche Untersuchungen wir durchführen wollen. Tobi sagt, wenn es diese Untersuchungen gibt, dann sollte man das nutzen. Ich war da etwas kritischer. Jede Untersuchung hat eine Konsequenz und darüber machte ich mir viele Gedanken, weil ich ja schon ein krankes Kind habe.

In der Mitte der Schwangerschaft ging der Streit um Emilie auf seinen Höhepunkt zu. Ich hatte furchtbare Depressionen und war vier Wochen in der Psychiatrie. Da ich Leo unbedingt stillen wollte, konnte ich keine Medikamente einnehmen. Ich verarbeitete so viele Dinge dort, dass ich es tatsächlich ohne Tabletten schaffte, mich da wieder rauszukämpfen. Die Zeit in der Psychiatrie war hart, aber sie hat mir wirklich geholfen. Ich hatte den Gedanken, es wäre vielleicht besser, wenn ich nicht mehr da bin. Das konnte meine Mutter nicht ertragen. Auch Tobi fiel es schwer, mich zu verstehen. Ich dachte wirklich, ich sei am Abgrund meines Lebens und ich wäre jetzt verrückt. Das gehörte zu dieser Depression dazu. Ich vergaß mich nach dem Duschen abzutrocknen, konnte nicht essen oder trinken und weinte den ganzen Tag. Nichts und niemand konnte mir helfen, bis mein Freund die Reißleine zog und dafür sorgte, dass ich eingewiesen wurde.

In der Psychiatrie kam ich mir zu Beginn abgeschoben vor. Hatte ich jetzt den Verstand verloren? Es wurde von Tag zu Tag besser und ich lernte dort jemanden kennen, der mir bis heute ein guter Freund ist. Ich will mir gar nicht vorstellen, wie es für meine Familie war und wie schwer ihnen das gefallen sein muss zu akzeptieren, dass ich zu diesem Zeitpunkt gar nicht so stark war, wie sie dachten. Mein Freund, meine Eltern und mein Bruder waren für mich da. Wir sprachen lange und oft darüber. Vor allem konnten wir nun ganz offen reden. Das hat sich in dieser Zeit verändert und wir sind noch enger zusammen gerutscht. Nach dem stationären Aufenthalt wurde ich ambulant weiter betreut. Die Psychiatrische Ambulanz war eine Wohltat, auch wenn ich an den Tagen dieser Gespräche sehr aufgewühlt war. Es hat mir geholfen, in mein Leben zurückzukommen. Stärker und selbstbewusster.

Ungefähr zwei Monate nach meinem Aufenthalt in der Psychiatrie bekam ich einen Anruf von meinem Exmann. Ich solle Emilie sofort abholen. Also fuhr ich los. Ich versuchte mich etwas zu entspannen, weil ich Leo nicht zu großen Stress aussetzen wollte. Es kann sich wohl jeder Denken, wie schwer das war. Ich sollte Emilie mitnehmen und jedes zweite Wochenende sollte sie bei ihrem Vater verbringen. Da ich damals Hauptverdiener war, bekam ich schneller eine Wohnung als mein Exmann. Als ich mich auf dem Rathaus ummeldete, wohnte Emilie offiziell bei ihrem Vater, was ich leider überhaupt nicht bedacht hatte und sehr bereute. Nun war ich überglücklich, aber auch etwas überfordert. Das kam sehr plötzlich und ich musste innerhalb von drei Tagen ihre Medikamente organisieren, was die Apotheke nicht sehr begeisterte. Er hatte mir nicht alle Medikamente von Emilie mitgegeben. Das machte mich sauer. Aber sie war nun bei mir und das zählte. In den Kindergarten konnte sie nicht gehen, weil er die Unterschrift verweigerte. Für mich änderte sich mein ganzes Leben, weil Emilie nun 24 Stunden bei mir war, und ich habe das so genossen. Eine Woche später kam das Jugendamt, weil mein Exmann eine Kindeswohlgefährdung angezeigt hatte. Dies löste sich natürlich in Luft auf. Als bei mir der Mutterschutz anfing, kam der nächste und größte Knall. Ich wollte Emilie sonntags abholen, bekam sie aber nicht. Stattdessen bekam ich eine Anzeige wegen Kindesmisshandlung. Ich war nun wirklich hochschwanger und konnte diese Schwangerschaft nicht genießen. Mein Gedankenkarussell drehte sich immer schneller. Ich habe Emilie fast drei Monate nicht sehen können. Mein Herz fühlte sich gebrochen an, mir war dauerhaft schlecht, ich hatte immer wieder Wehen. Die Anwältin hat wirklich gute Arbeit geleistet, aber für mich war es schwer, das auszuhalten.

Dann war es soweit. Das Karussell dreht sich und ich wachte morgens mit Wehen auf. Ich sollte unter diesem emotionalen und psychischen Druck ein Kind bekommen. Mein Freund blieb an meiner Seite und half mir die Gedanken zur Seite zuschieben. Wir freuten uns so sehr. Er kam aus der Nachtschicht, aber ich musste ihn gegen 9:00 Uhr wecken, weil diese Wehen sich ganz anders anfühlten. Tobi war sehr nervös und sprang vor Freude in der Wohnung auf und ab.

Um 10:00 Uhr fuhren wir in die Klinik. Tobi wollte vor dem Haupteingang parken, aber ich sagte, das Laufen wird mir gut tun. Für den Weg vom Parkhaus bis in die Klinik brauchten wir eine Ewigkeit. Alle zwei Minuten musste ich wegen einer Wehe stehen bleiben. Im Aufzug ging es nach unten. Als sich die Türen öffneten, konnten wir den Kreißsaal schon sehen, doch ich murmelte nur: „Ich glaube, die Fruchtblase platzt gleich." Ich hatte es gerade so aus dem Fahrstuhl geschafft, als tatsächlich die Fruchtblase platzte. Tobi bekam etwas Panik und ging vor, um uns anzumelden. Ich kämpfte mich nur langsam hinter her. Auch diesmal hatten wir eine große Portion Glück, denn es waren ausreichend Hebammen anwesend. Ich war nie allein. Mir wurde ein entkrampfendes Medikament gegeben, das mir half, mich besser auf die Geburt einzustellen. Ich hatte zwar Schmerzen, aber es war für mich in Ordnung. Tobi blieb an meiner Seite. Seine Berührung gab mir Geborgenheit.

Um 16:53 Uhr erblickte der Kleine das Licht der Welt. Leo war so entspannt, dass die Hebammen mehrmals nach ihm sehen mussten. Er quiekte nur einmal kurz und lag dann zufrieden in meinem Arm. Meine Eltern besuchten uns noch im Kreißsaal und auch meinem Freund sah man an, dass er bereits 24 Stunden auf den Beinen war. Alle waren glücklich und freuten sich mit uns. Jedoch hatte ich immer im Kopf, wie es wohl Emilie geht. Es war, als wäre mein Herz in zwei geteilt, zum einen berauschende Freude, zum anderen tiefe Trauer.

Leo wollte die erste Zeit einfach nicht zunehmen, was mich sehr beunruhigte. Ich glaube, durch den Stress war nicht ausreichend Milch für ihn da. Ich war sehr nervös, als die U2 im Krankenhaus durchgeführt wurde. Dabei wurde mir mitgeteilt, dass Leo gesund ist und ein Herzfehler ausgeschlossen werden kann, jedoch wurde mir ein Herzultraschall angeboten, den ich ganz bewusst ablehnte. Ich wollte mit Leo nach Hause, denn nur dort kam ich zur Ruhe. Der Verdacht auf einen Hodenhochstand und Leistenbruch löste sich bei einer späteren Kontrolle in der Chirurgie zum Glück auf. Im Nachhinein muss ich sagen, waren wir medizinisch überversorgt, denn Leo kam spontan und vollkommen gesund zur Welt. Natürlich hat es mich beruhigt, dass der Kleine top versorgt war, aber auf der anderen Seite hat es mir auch Angst gemacht. Als die Ärzte mir sagten, dass eine Einleitung möglich wäre, sollte Leo zu klein sein, brach für einen kurzen Augenblick eine Welt für mich zusammen. Ich hatte bei Emilie immer das Gefühl etwas verpasst zu haben, weil sie per Kaiserschnitt kam und ich sie nicht stillen konnte. Ich machte mir Sorgen, dass die Bindung zu ihr nicht stark genug sein könnte. Ich wünschte mir so sehr eine spontane Geburt und bin unendlich froh und dankbar, dass ich diese Erfahrung machen durfte. Jetzt weiß ich, dass die Bindung zu Emilie genauso groß ist wie zu Leo.

Einen Tag nach meinem Geburtstag kam endlich der Gerichtstermin. Leo war gerade vier Wochen alt und wir standen alle unter riesigem Druck. Meine Eltern waren dabei und meine Freundin nahm sich diesen Tag sogar frei, um mir beizustehen.

Dann war es endlich so weit. Emilie kam die Tür rein und strahlte über das ganze Gesicht, als sie mich sah. Es war wunderschön, sie endlich wieder in die Arme zu schließen. Während der Verhandlung geschah das Unglaubliche. Mein Exmann erklärte, er möchte, dass Emilie bei mir lebt und er will sie einmal im Monat von Freitag bis Sonntag sehen. Wir waren damit etwas überfordert, schließlich sind wir davon ausgegangen, dass es zu Streit kommt. Ich fühlte mich endlich wieder vollständig. Selbst der Richter war von diesem Hin und Her meines Exmannes nicht sehr begeistert. Ich sollte mit dem Jugendamt Kontakt halten, was mir auch sehr recht war, da ich in den ersten Wochen mit Leo und Emilie eine Sicherheit hatte.

Nach der Verhandlung vereinbarten mein Exmann und ich in Anwesenheit des Jugendamtes die Übergabe. Noch zweimal schlafen dann war sie endlich wieder bei mir. Emilie nahm mich zum Abschied in den Arm und ließ mich nicht mehr los. Ich war so überwältigt, dass mir einfach die Tränen liefen. In diesem Moment war alles ganz still, es gab nur mich und Emilie in meinen Armen. Sie wollte sofort mitkommen und sich nicht mehr von mir lösen. Emilie weinte bitterlich und klammerte sich fester an mich. Es tat mir weh. Es zerriss mich fast, sie gegen ihren Willen in die Arme meiner Ex-Schwiegermutter zu geben. Alle Anwesenden berührte diese Situation. Meine Eltern, meine Freundin und sogar meine Anwältin hatten Tränen in den Augen. Ein Moment, der mir für immer im Gedächtnis bleiben wird.

Und so gingen wir nach Hause und bereiteten alles für Emilie vor. Sie freute sich so sehr über ihren kleinen Bruder. Stolze große Schwester. Zwei Monate später konnte sie endlich in den Kindergarten gehen, wo sie schnell Freunde fand und sich gut einlebte. Ein kleines Happy End und

Leo machte alles total entspannt mit. Hatte ich ein riesen Glück mit meinen zwei wunderbaren Kindern!

Familie

Ich hatte eine schöne Kindheit und meine Eltern hätten jederzeit alles für mich und meinen Bruder gegeben. Sie lieben uns. Meine Eltern hatten beide nicht die schönste Kindheit und sind beide Scheidungskinder gewesen. Umso bessere Vorbilder waren und sind sie für mich. Ihnen war die Familie schon immer sehr wichtig. Ich erinnere mich zum Beispiel immer gern an die Wochenenden. Nach dem Frühstück unterhielten wir uns manchmal stundenlang. Meine Mutter nahm sich die Zeit, obwohl sie genug Arbeit gehabt hätte. Es waren Gespräche über alles Mögliche, aber auch ganz offene und ehrliche Gespräche.

Wenn mein Vater Samstag frei hatte, machte er mit mir eine Fahrradtour. Auch dabei konnte über alles geredet werden. Als ich dann meine Ausbildung in Stuttgart machte, wurden diese Momente durch das Telefon ersetzt. Meine Eltern waren in der Lage, über 80 km hinweg Tränen zu trocknen. Sie waren immer für mich da, auch wenn ich mal Mist gebaut habe. Bedingungslose Liebe. Das werde ich meinen Kindern genauso wiedergeben. Ich war schon immer ein Mamakind. Meiner Mutter konnte ich alles anvertrauen und ich konnte mich auf sie verlassen. Dabei hatte sie es oft nicht leicht mit mir, aber für ihre Kinder gibt sie ihr letztes Hemd. Emilie war schon sehr früh daran gewöhnt, Zeit mit ihrer Oma zu verbringen. Sie verabreichte ihr die Medikamente und richtete ihr ein Kinderzimmer ein. Meine Mutter hatte für Emilie einen geschützten Raum gestaltet, in dem sie sich noch heute gern aufhält. Die beiden haben eine ganz enge Bindung und nichts und niemand auf dieser Welt passt dazwischen. Selbst heute noch nimmt sich meine Mama die Zeit, um bei Untersuchungen dabei zu sein. Dabei will ich gar nicht wissen, wie es ihr in den letzten vier Jahren ging. Sie sah Emilie auf der Intensivstation, wie ihr Spritzen gegeben und Kanülen gelegt wurden. Darüber hinaus sah sie auch ihre eigene Tochter leiden. Sie hat sich nie beschwert oder beklagt und war die ganze Zeit so stark für uns, dass mir nur selten auffiel, wie sehr sie das alles mitnahm. Für sie ist es selbstverständlich, für mich und Emilie da zu sein. Das macht sie zur besten Mama und Oma der Welt! Danke!

Meine Freundin kenne ich schon fast mein ganzes Leben, aber Kontakt bekamen wir erst, als wir uns im Geburtsvorbereitungskurs trafen. Seither ist sie mit mir durch dick und dünn gegangen. Ihr Sohn ist knapp zwei Wochen jünger als Emilie. Die zwei haben einen besonderen Draht zueinander und sind kaum auseinander zu kriegen. Sie spielen gerne miteinander und wir Muttis können über alles reden. Ich habe sehr oft meine Sorgen bei ihr abgeladen, aber sie war nie genervt. Sie war immer für mich da. Es ist ein tolles Gefühl zu wissen, dass man nicht allein ist! Danke!

Heute

Die Zeit rast so schnell, dass ich manchmal kaum hinterher komme. Leo entwickelt sich super und sieht in Emilie ein großes Vorbild. Sie wiederum liebt ihn abgöttisch. Es ist wundervoll, die beiden zusammen zu sehen. Emilie bekommt nur noch selten blaue Lippen. Bald muss ich wieder arbeiten. Leo wird schon ein Jahr alt und geht bald zur Tagesmutter. Ich freue mich schon auf meine Arbeit und habe eine tolle Chefin, die mehr Verständnis nicht haben könnte. Ich habe aber auch Respekt vor meiner neuen Aufgabe. Dennoch überwiegt die Freude, nicht mehr „nur" Mutter zu sein.

Mein Exmann wurde mehrmals am Fuß operiert und wohnt 50 km entfernt, er kann nicht arbeiten und sagt, er könne es sich finanziell nicht leisten, Emilie abzuholen. Ich bin sehr gespannt, wie das weitergehen wird. Immerhin ist nun etwas Ruhe eingekehrt. Es gibt keinen Streit mehr und auch Emilie hat verstanden, dass sie ihren Papa besucht und die Mama sie wieder abholt. Trotzdem geht sie nur sehr ungern zu ihm. Sie ist in der Trotzphase, aber hin und wieder glaube ich, eine Verhaltensauffälligkeit zu beobachten. Deshalb habe ich die zuständige Frau vom Jugendamt kontaktiert und einen Termin bei der Erziehungsberatung vereinbart. Vor ca. einem Jahr habe ich die Erziehungsberatung schon einmal in Anspruch genommen. Es ist gut zu wissen, dass es solche Anlaufstellen gibt, an die man sich wenden kann. Ich kann einfach nicht beurteilen, ob die Trennung Gründe für Emilies Verhalten liefert. Lange habe ich gezögert, diesen Schritt zu gehen, weil ich mich schämte und dachte, da wären nur Familien mit richtig krassen Problemen. Ich zweifelte daran, eine gute Mama zu sein, aber dass ich mich dorthin wende, zeigt, wie ernst ich meine Aufgabe als Mama nehme.

Die Mutter meines Exmannes hat den Kontakt zu mir wieder aufgebaut und sieht Emilie ab und zu. Wir nähern uns langsam wieder an. Ich finde es großartig, dass sie auf Emilies Seite steht und an ihrem Leben teilhaben will. Meine Mutter wird immer eine ganz besondere Beziehung zu Emilie haben, weil sie mit uns zusammen durch diese Höhen und Tiefen gegangen ist. Als Oma und auch als Mama. Es war sicher nicht immer leicht für sie. Alles in allem läuft es gerade ganz gut. Emilie tanzt bei den Tanzmariechen und ist nach jedem Auftritt so stolz, dass sie vor Selbstbewusstsein strahlt. Meine sozialen Kontakte sind etwas mehr geworden. Mein Selbstbewusstsein kehrt langsam zurück und damit fällt es mir immer leichter, einen Smalltalk zu halten und mit anderen in Kontakt zu kommen. Ich mache mir immer noch über zu viele Dinge zu viele Gedanken, aber so bin ich wohl einfach eben. In dieser Zeit habe ich gelernt, dass ich mich für nichts schämen brauche und mich auch nicht verstecken muss. Ich bin stolz auf meine Kinder und auch auf mich. Ich habe eine tolle Familie und eine tolle Freundin, die alle jederzeit hinter mir stehen und mich unterstützen. Das bedeutet mir sehr viel und gibt mir unendlich viel Kraft.

Rückblickend kann ich sagen, ich habe die meisten Geschehnisse verarbeitet. Es hat doch alles einen Sinn und es passiert alles so, wie es passieren soll. Ich habe mich oft gefragt, warum ich, warum mein Kind? Aber mittlerweile weiß ich: Jeder hat sein Päckchen zu tragen und jeder bekommt ein so großes Päckchen, dass er es tragen kann. Viele Fragen über Leben und Tod haben mich beschäftigt und ich bin zu einem Schluss gekommen. Die Natur ist nicht auf Suizid ausgelegt, deshalb kam es bei Emilie zu einem Geburtsstillstand. Danach hatten wir vielleicht eine große Portion Glück, dass die richtigen Menschen zur richtigen Zeit am richtigen Ort waren. Es könnte auch eine Prüfung für mich gewesen sein. Wer weiß das schon? Ich habe mich da durchgekämpft, war stark für meine Kinder und bin mächtig stolz darauf! Mir ist klar, dass Emilie immer herzkrank sein wird und irgendwann eine Herzklappe bekommt, aber wir führen ein ganz normales Leben. Ich mag mein Leben sehr und will mit niemandem tauschen. Ich beobachte andere Mütter und Familien und versuche mir daraus etwas Positives abzuschauen.

Ich genieße meine Kinder jeden Tag, auch wenn es manchmal sehr anstrengend ist, denn ich habe keine Ahnung, wie alt sie werden dürfen oder was morgen passiert. Ich versuche mich mit den Kindern gemeinsam weiterzuentwickeln und lerne immer wieder Neues dazu. Dieses Buch habe geschrieben, um meine Geschichte zu verarbeiten, aber auch, um anderen Mut zu machen, und ich hoffe, dass Menschen aus meinem näheren Umfeld mich nun etwas besser verstehen können.

Danksagung

Abschließend kann mich nur bedanken. Bei meinen Kindern, meinen Eltern, meinem Freund, meinem Bruder, meiner Freundin und bei allen Ärzten, Pflegekräften, Arztpraxen und Apotheken. Durch das gute Zusammenspiel all dieser Menschen ist es mir möglich, das Leben und meine Kinder zu genießen. Ich danke euch allen von ganzem Herzen!